いやなことがあった日の、
甘くておいしい仕返し

Caho.

この見開いたときをつかへ中
、田口になもかいなやたここ

です。

はじめに

つらい時は、甘いもの。それから。

窮屈な毎日に窒息してしまいそうな夜。
これまでにあったたくさんの嫌なことをテーブルの上に並べ、
ずっと苦しんで、憂鬱に夜は過ぎていく。

どうしてそんなことを言うんだろう？
どうしてこんなに傷ついて苦しいんだろう？
大切にとっておいたケーキをぐちゃぐちゃに潰されたような、
取り返しがつかなくて、ただ、寂しくなる気持ち。

心に溜まったブルーな気持ちは、
次第に私を塗りつぶし、真っ黒な暗闇に突き落とす。
ずっとこのまま暗闇の中に閉じ込められて過ごしていくと
思っていました。

でもある夜、気づいたんです。
どんなに泣いても、この悲しい出来事はもうどこにも消えない。
そしてこれからもきっと苦しい瞬間は私のもとにやってくる。
それならば、悲しんで腐るより、
この負の感情への向き合い方を考えなくては、と。

人生は短い。

理不尽な不幸に毒されている時間はありません。

今すぐに真っ黒な心を治してあげなくちゃ。

そう、私の傷ついた心を治療してくれるのは、復讐。

そして、私の心を強くしてくれるのも復讐だけだ。

復讐という名の薬

私の復讐は至ってシンプル。

意地悪されたことや、消えない悲しい過去、嫌な出来事を、

全部、私の財産へと変えること。

トラウマもコンプレックスも、使い方次第で「材料」になる。

私をいじめたあの子の歌を作り、物語を想像し、

似顔絵を描いて作品にする。

あの子のおかげで、こんなに素敵な作品ができた。

私はあの子の言葉なんかに泣いたりしない。

「誰かのせい」なんかで決して腐っていかないように。

相手にせず感情を乱されなければ、私の勝ち。

大切なのは、つらさをつらいままにしておかないこと。

私が幸せであることが最大の仕返しだと思うのです。

私はイラストレーターとして、

SNS を中心にイラストを載せて活動しています。

その作品の題名である一言にいつも

絵を描いた意味、感情、伝えたい気持ちなど

さまざまな思いを込めています。

嬉しいことに、

私の絵は「かわいい」と言っていただけることが多いです。

けれど私の中には、

この絵に似合わない黒い感情がまだたくさん残っています。

どこにも吐き出せなかったこの溜まった暗い気持ち。

誰にも見せなかったこの一面。

そんな一面を、今回一冊の本にまとめることにしました。
前作は癒やしのための一冊でしたが、
今作は戦うための一冊です。

コンプレックスや消したい過去、開いた傷口。
甘味と苦味、どちらもあって人生。

けれどできるだけ泣かないように、これ以上落ち込まないように。
少しでも苦しまずに生きていけるように。
本当の復讐を、ここにひとつ。

「いじわるなあの子のケーキの苺を食べてやれ」

本書を読む時間が、
嫌いなあの子へのとびっきりの仕返しをした時のような。

そんなふうに、つらい出来事に負けず、
少しでも強くなれる言葉が見つかれば幸いです。

Caho.

CONTENTS

Book Design ─ 荻原佐織（PASSAGE）

DTP ─ エヴリ・シンク

Proofreading ─ 鷗来堂

Composition ─ 伊藤瞳

lace images ─ iStock.com/ajuga, iStock.com/Sveta_Aho

snake skin images ─ iStock.com/gawrav

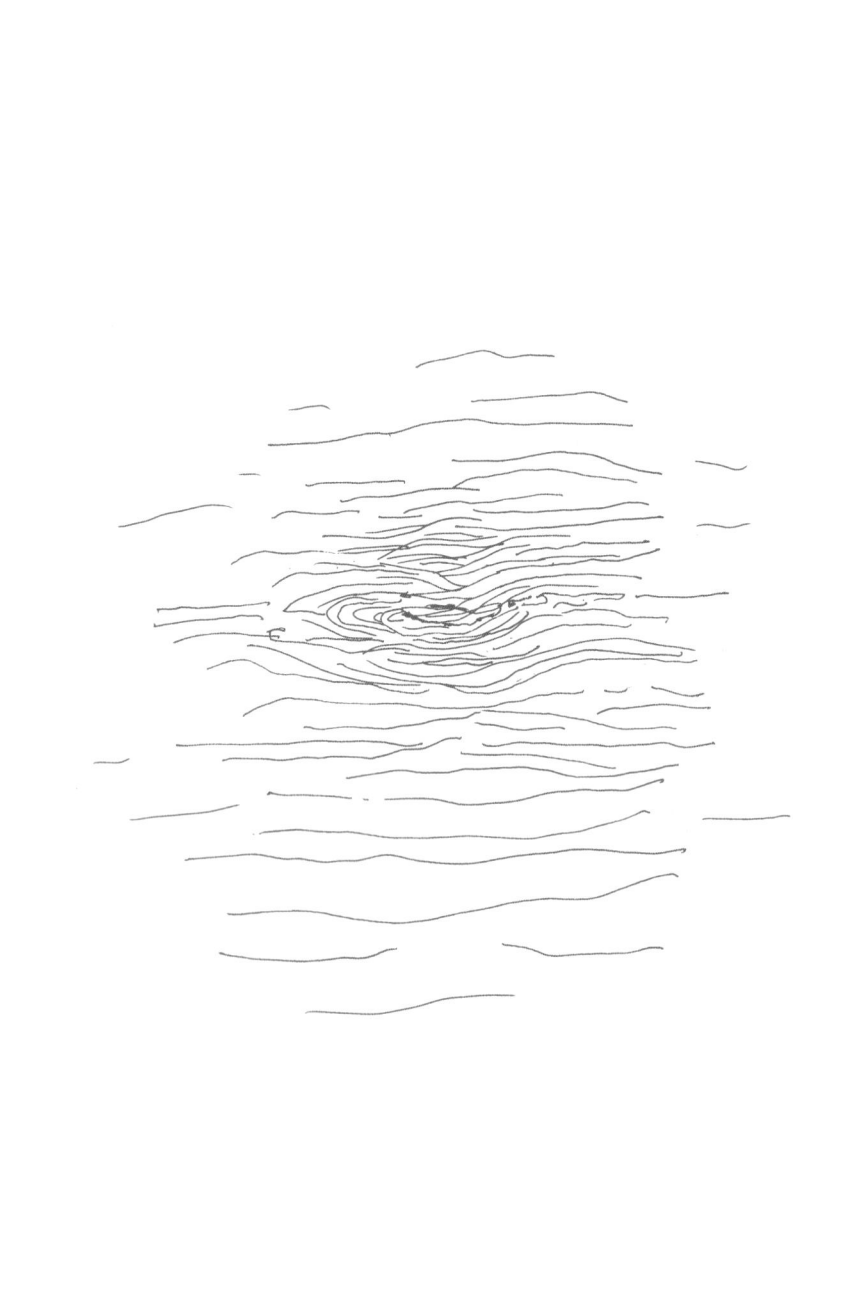

Chapter 1

地獄に落ちない程度の悪口を言う

お口を縫ってあげる

あなたのお口を縫ってあげる。
二度と嘘が言えないように。

あなたの目を取り替えてあげる。
二度と目移りしないように。

あなたの心臓を直してあげる。
この先、正しく生きていけるように。

みんなお腹が空いている

あの子の性格の悪さも
あの人の強い口調も。
人の嫌なところばかりに気がつくあの子も。
私のことを下に見てくるあの子もあの子もね。

こんな不愉快な人間はいないはずと信じたい。
じゃなきゃ神様、ろくでなしすぎるし。
きっとみんな、共通の病におかされているはずだ。

私は閃いた。

空腹だ!!!!!!!!
お腹が空いてたらイライラするし性格も悪くなるかも!!!!!
そうだ！　嫌な人はみんなお腹が空いてるだけだ!!!!!!!

これが私の辿り着いた完璧な推理。

だから嫌な人たちに
出会うたびにこう思うようにしてる。
「かわいそうに。みんなお腹空いてるんだなあ」って。

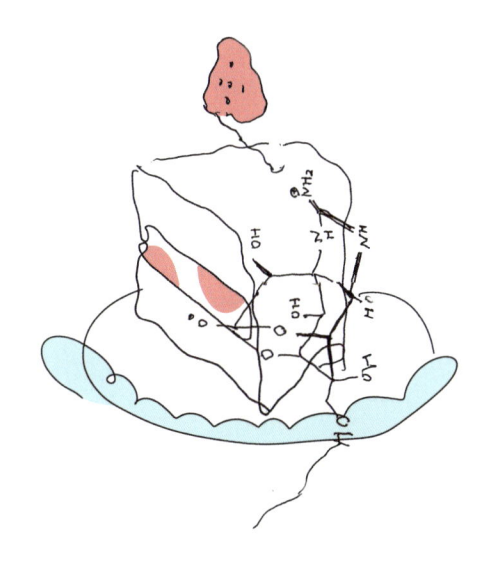

つまらない話には毒を入れて。
薄まらない苦い過去にはお砂糖を入れて。

人生の中に、何を溶かすかは私次第。

酸いも甘いも。
好きも嫌いも。

お嬢さまごっこ

嫌いな人の前ではお嬢さまになる。
心の中で気品のあるお嬢さまごっこを始める。

まあ、あなたったら、列の横から知らぬ顔で割り込んで、
世渡りに長けてらっしゃるのね。

まあ、あなたって一口ばかり欲しがるのね。
合理的なことに徹してて素晴らしい。

まあ、あなたって平気で失礼なことをおっしゃるのね。
はっきりしてらして、たいそう自信がおありで。

ほんとに、私とはまったくと言っていいほど、
そりが合いませんこと。

あら、お気になさらないで。
本心ですの。

ケーキの苺を横取り

優しい人が損をして、悪い人が得をする。
幼い頃、苺を横取りしてきたあの子。

傷つけられたならやり返していいよって、
背中を摩ってくれた人はいないし。
何かを奪われても我慢しなさいって、
エプロンをつけた大人はみんな同じ顔に見えた。

あーあ。
今頃、あの子が本当に大切な何かを失って
後悔しているといいな。
あの子も大切な何かを奪われればいいのに。

私だって、苺食べたかったな。
あの頃は、口を尖らせたぐらいで済ませた。

けれど、きっとそのぐらいの頃だっただろうか。
私が何かを奪われたなら、
その子の苺を横取りしてもいいと決めたのは。

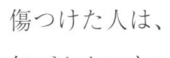

傷つけた人は、
気づかないといけない。
犯した罪の重さと時効の
ように消えていったその
甘い罪の意識に。

だって あの子が悪いんだもの。
だったら 嫌いな あの子のケーキの
苺を 横取りしてしまいましょう。

罪の代価は、その罪と同等のものでなければならない。

呪ってはいない

あの子から幸せを奪え。
あの子に毒を盛れ。
あの子の心臓をメインディッシュに。
そんな命令を心の奥で囁く。

抉れた心に塩を塗るような手で
この先、幸せを掴むなど許さない。

欲しかったものが目の前で売り切れろ。
見たい映画が終わってろ。
大事な日に寝坊しろ。
もはや電車に間に合うな。
そんな嫌なことが少しでも多くあれ。

無自覚の悪人が幸せになるのは不愉快だから。

呪ってはいない、
たったひと言が足りていない。
ただ謝ってほしいだけ。

こんなこと考えるなんて、本当は良くないって知ってるから、
この邪悪な心を隠している。

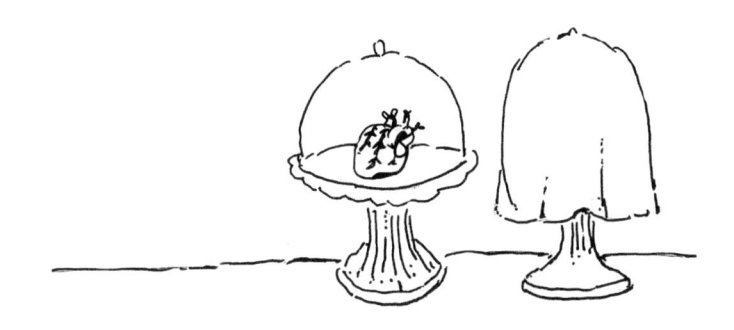

けれど、
もともと私たちは天使に生まれてきていないし、
綺麗な心だけを持っているわけじゃない。

でも決して悪魔でもないし、この感情は真っ黒でもない。

だから別にいいじゃない。
頭の中であの子を一度くらい殺しても。

たまには目を閉じて企んでみてもいいじゃない。

それで少しでも楽になるなら、
あの子に一度ぐらい死んでもらえばいいじゃない。

頭の中は警察も誰も入って来られないし、
実行しなければ未遂にもならないんだし。

考え方だけは、
真面目にも不真面目にも生きてみたらいいんじゃない。

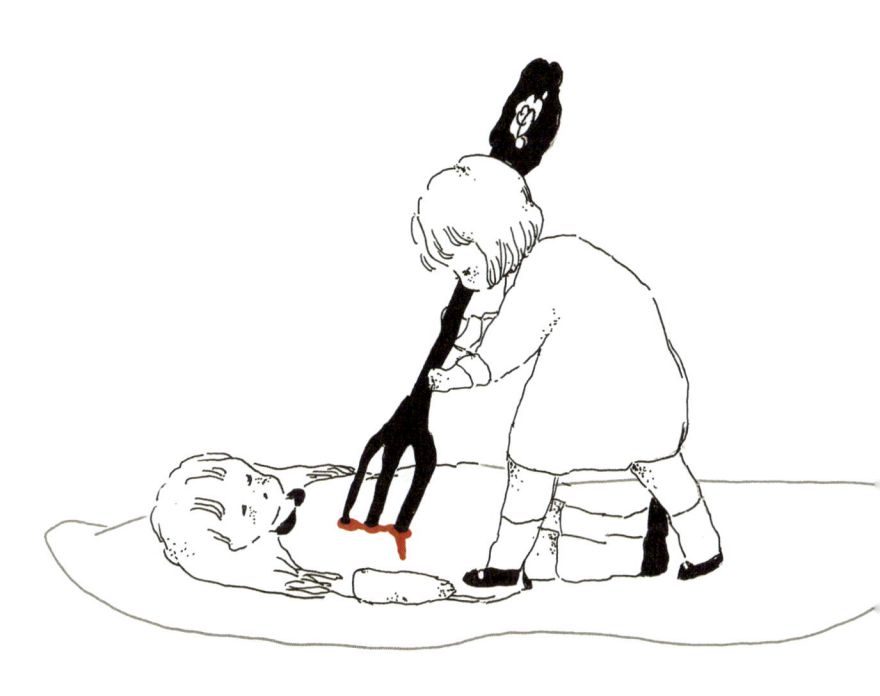

どうせいつか、全部なくなる

理不尽に傷つけてくる無神経で大嫌いな人。
ちょっとした失敗を嘲笑って
「やっぱりバカが損するんだね」と。
控えめに言っても、ジャムの瓶に閉じ込めて
床下収納に入れておきたいところ。

でも心配しなくても大丈夫。

100 年後にはみんな死ぬし、嫌いなあの人も私も死ぬ。
人間が絶滅したらふわふわなハムスターが政治をする
はむはむランドになるって聞いたことあるし、
まあいつかは地球もなくなる。何も問題ない。

だから私はただ明日のご飯を考える。
チャーハンでもいいし、酢豚とかつけ麺でもいいな。
ビーフシチューか、唐揚げでもね。

いつかみんないなくなる。
いつか世界はなくなる。

最後の晩餐（ばんさん）には唐揚げは絶対に
食べておきたい。
そうでしょう？
目の前の一番に好きなもの。
それだけに集中していたいから。

どうせいつかは全部なくなる。
なら私は、今日を少しでも愛せるように生きていきたい。

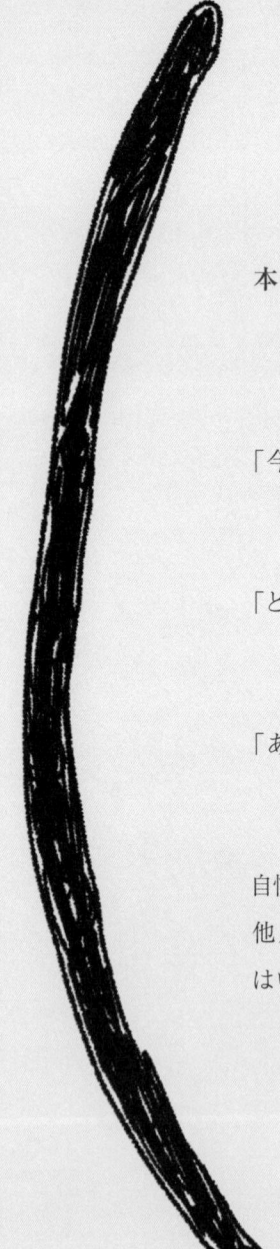

本当の言葉はカッコの中

「今日もかわいいですね」

（私の次に）

「とっても似合ってます」

（私の次に）

「あなたみたいになりたい」

（まあ、もう超えてますけど）

自慢と承認とかわいいアピールで
他人の話題を奪う人。
はいはい、誰よりも優れていますいます。

面倒な自慢に付き合う時には、
軽く褒める定型文を用意して。
本心はカッコの中に入れる。

とにかく人生は、憂鬱の配分を減らしてこそ幸せ。
限られた時間の中で
いかに楽に、要領よく、
面倒から回避できるかがポイント。

だから、ぽいぽいカッコに放り込む。
優しく包む両手のようなカッコを頭の中で
開花させる。

「今忙しいんです。すみません」
　　　（あなたの相手をするほど暇じゃないわ）

世界で一番恥ずかしい場所

私が嫌いなこと。
それは順番を抜かすこと。

新しい朝、
初詣で、お参りの列で私の前に割り込んだあの人たち。
「すごく並んでるから、入らせてもらったわ」と言った。
正直、言い返す言葉を探すのも面倒くさかった。

平気な顔で横入りをする人。
この人も誰かの大切な人、と思っても悲しくなる。
平等に並ぶ人たちを抜かし楽をして先に行けば、
そこは世界で一番恥ずかしい場所へと
変わることも知らないで。

そこに行ってしまった人はもう助けられない。
すごくすごく恐ろしい場所だから。

時間をかけず、楽をして得られるものなんて何もないって
忠告してあげればよかったかな。

このままずっとずっとずっと。
世界で一番恥ずかしい場所で生きていくのかしら。

この甘ったるい地獄に
永遠に浸かっていればいい。
落ちてふやけて、
ずっとこのハリボテのハッピーランドに
いればいい。

人 の 不 幸 は 蜜 の 味

蜜を探して飛び回る蜂、
それはきっと生きるため。

心が落ち着かない時は甘い蜜をひとくち。
それはきっと生きるため。

あの子、別れたらしいよ。
あの子、落ちたらしいよ。

人の不幸は蜜の味。

簡易的な判断材料、もしくはお手軽な安定剤。
誰かの劣っている部分はとっても甘い。

魅惑の蜜は、隠れて嗜む程度。
少し離れて見物するだけのお利口な距離。

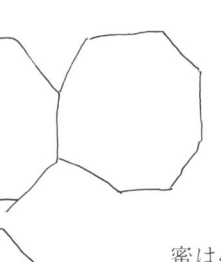

蜜は必要不可欠で、愚痴もひとつの自己防衛。

無様に咲いた花の蜜を、

可憐（かれん）に集めて、護身する。

そうね、これもきっと生きるため。

埃 が 舞 う

「私があなたならこうするのに」
「もう少し、ああしたらよかったのに」

楽しそうにするお説教。
そのアドバイスは、まるで私にいらないもの。
私にとってはただの埃。

「失敗するなんて、あなたっぽいね」

その余計なひと言も、ハウスダスト。
本当に必要ない。その辺の石よりいらない。
本当に本当にいらないから。
私には寄り添わないのに、
言い切って簡単に答えを出すのやめてよね。

あなたが動くたびに埃が舞うの。
人の嫌がる言葉を選んで口に出す
あなた自身が埃を生むの。

ちょっと窓を開けてよ。
どいてよ。 息苦しいの。

私にいらない言葉。
寒気、管窺、換気!!!!

ビスケットの粉みたいな罪悪感

今日、布団でお菓子を食べた。
ビスケットの粉がぱらぱらと布団の上に落ちる。
小さなこの罪悪感はサッと払えば簡単に消えた。

そしてまた布団の上でビスケットを食べる。

小さな罪悪感をサッと払ってしまえば簡単に習慣になる。
習慣はだんだん常識に変わっていく。

常識はベッドの隅に落ちたビスケットの粉のように
見つからず奥深く永遠にそこにあり続け、
やがて私自身になっていく。

ごみの日

月曜日は燃えるごみ。

火曜日はプラ製品。

水曜日は缶とビン。

木曜日は粗大ごみ。

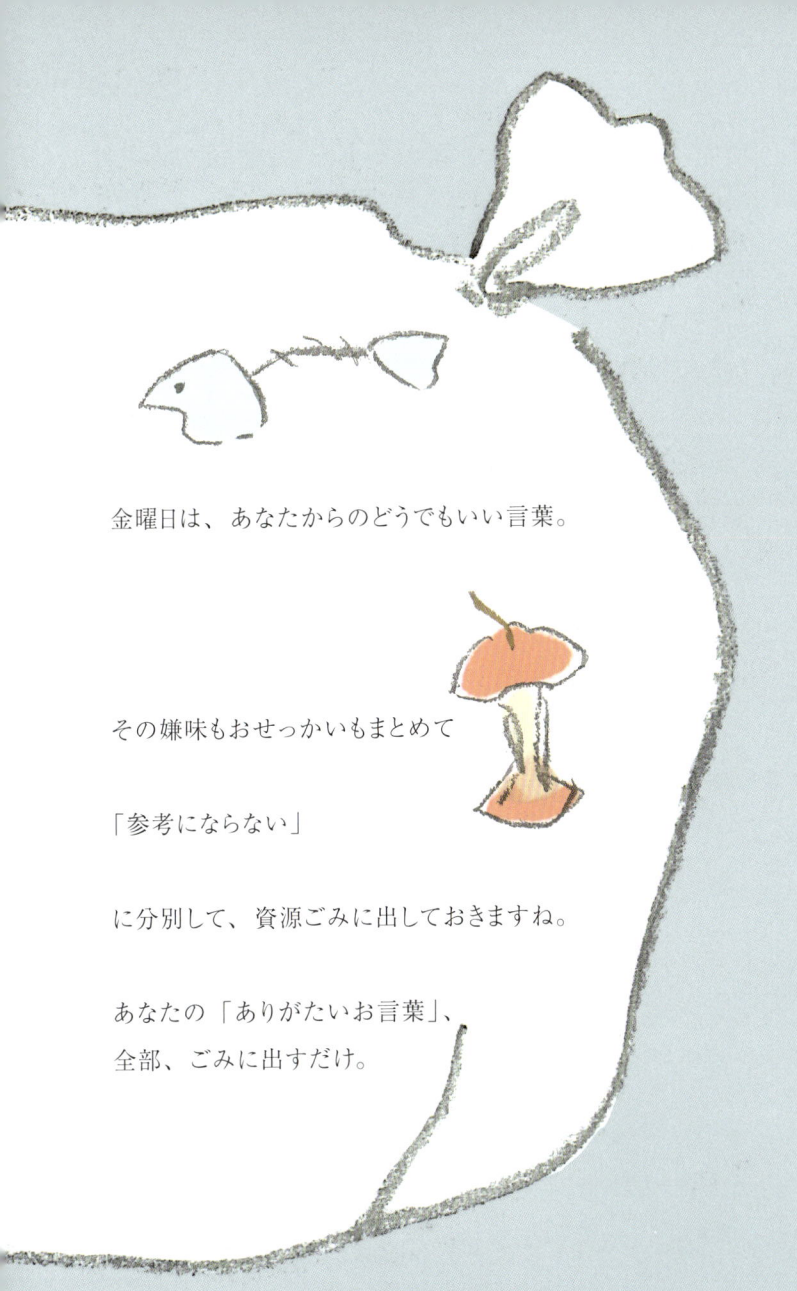

金曜日は、あなたからのどうでもいい言葉。

その嫌味もおせっかいもまとめて

「参考にならない」

に分別して、資源ごみに出しておきますね。

あなたの「ありがたいお言葉」、
全部、ごみに出すだけ。

知ったことじゃない

誰かは私を優しい良い子だと言う。
また誰かは私が馬鹿で嫌いだと言う。
誰かは私を天然でかわいいと言う。
また誰かは空気の読めないドジだと言う。

傷ついて、立ち直る。
目まぐるしく変わる評価の中にうずくまる日々。

でも誰かの意見は簡単に放たれ、一切責任を持たない。
信じても無視しても、その言葉には重みもない。

誰かの意見より大事なのは自分自身。
私のことを誰かに納得させる必要なんてないこと。

あなたが私を気に食わないこと
知ったことじゃないと思いました。

返答はこれだけ。

「何もかも順調な私の邪魔をするな」

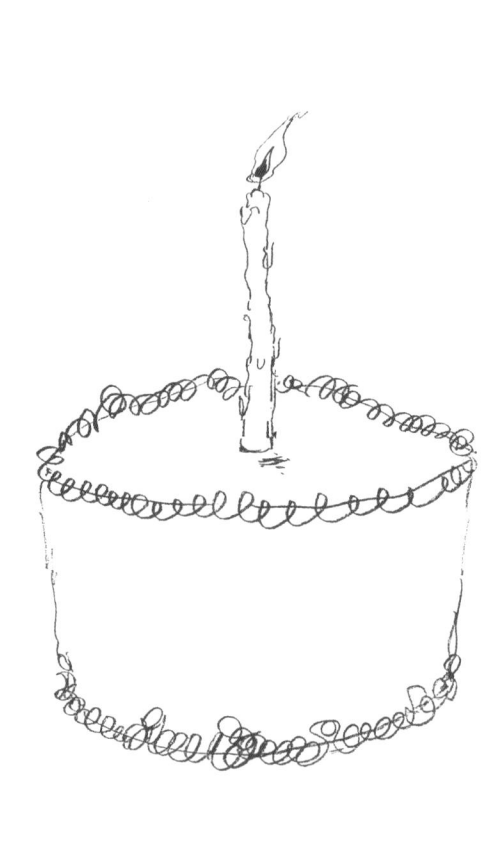

Chapter 2

心に刺さった棘を抜く

隠れた傷に絆創膏を

転んだら薬を塗って絆創膏（ばんそうこう）を貼る。

傷ついたら消毒して、壊れたら直す。
どんなに小さな傷もそのままにしておかないで。

毎日たくさん傷ついて、
無理にでも動かしてきた私たちの心。

この隠れた痛みに、私たちはまだ気づかないでいる。

きっとあの子も、私も。

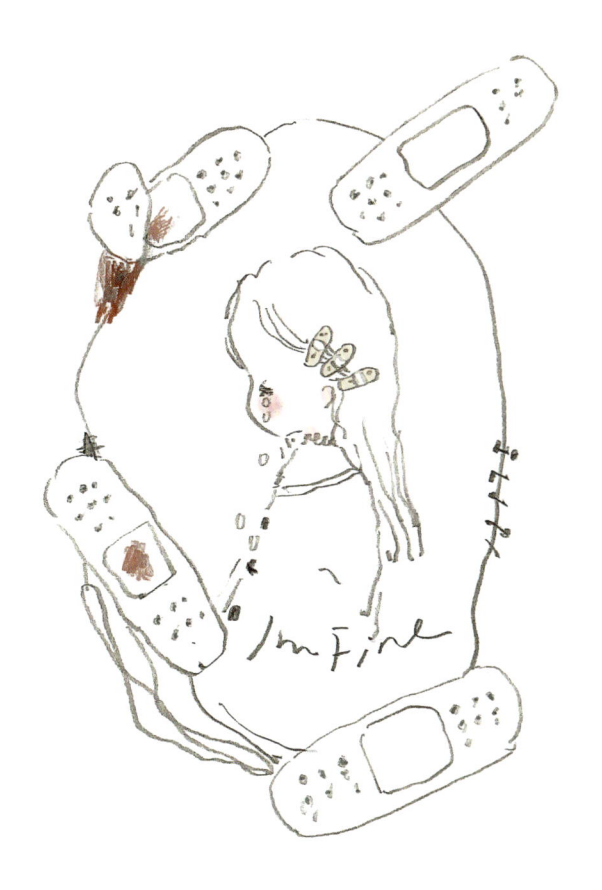

下 を 向 い た か ら 目 が 合 っ た ね

目の当たらない場所にいる草花は、
大きな花を咲かせられない。
夏、大きな向日葵の花を見るとそう思う。
花どうしの影に埋もれてしまったのか、肥料不足なのか、
原因はわからないけれど、萎んだ向日葵。
悲しそうに俯いている。

花も人間も苦しくなると下を向く。
なるべくなら悲しみもつらさも少ないほうがいいけど、
私たちには、必ず苦しくて悲しい瞬間がやってくる。

だから私はそのたびに、落ち込むことを肯定する。
だって、自分を不幸だなんて思いたくないんだもの。
きっとどんなつらいことも、
全てに意味があると信じていたいんだもの。

悲しい出来事を経験したから、人に優しくなれる。
傷ついたから、痛みがわかる。
暗闇にいたから、眩しさがわかる。
下を向いたから、気づけたことがあるはずだから。

あの向日葵もきっと。下を向いたから、目が合ったね。

リボンをほどく

つないだ手をリボンで結んで
私たちは、同じ道を歩いていた。

けれど絡まっただけのこの「友達」という結び目は、
まるで私たちのダマになった関係と同じ。

早くに出会ってしまったのが運の尽き、
私たちには誰も追い越せないくらい長く一緒にいた
時間だけが残っている。

悲しい夜はあなたの望みをたくさん聞いた。
続きが出るたびに新しい本を渡して、
何時間もあなたを駅で待った。
でもあなたは、私の一度の遅刻を「信じられない」って
怒っちゃうんだから。

このリボンがちぎれそうになるたび、何度も寄り添った。
そうね、友達だったから大切にしてきた。

でもあなたは、いつも私のことは後回しにして、
都合のいい時だけ手を振るんだよ。

だから私はそのリボンをもう結び直さない。
いまさら泣いてもそんなの知らない。
もう一緒に遊ばない。
もう何も貸してあげない。
もういらない。

何も返さないあなたをもうさんざん待ったよ。
一番大好きだったよ。
勇気を出した私をどうか許してね。

私を思ってくれる本当の友達は、
つないだ距離が、心が、ほどけそうになるたびに
寄り添ってお互いに結び直すことができるはずだから。

切れないままの友達と、
一緒にいて楽しくない相手にはハサミを。

かつて結んだかわいいリボンも、
時には引き裂く勇気を出さなければならない。

小 さ な 命 の 声 は 聞 こ え な い

夏の始まりの生ぬるい風と、少し汗ばむ気温は
ふとあの嫌な思い出を蘇らせる。

お墓参りをした後で立ち寄った小さな公園で
見つけたカタツムリ。

かわいいお家につぶらなおめめ。
かわいくて大好き。

けれど私はカタツムリを踏んだらどうなるか知っている。
割れる音とアスファルトに滲む色。
小さな命の声は聞こえないこと。

キャンプに行った時、炊事場で踏んでしまってから
罪悪感と嫌悪感でサンダルの裏を返せなかった。

血の気が引いて足先が凍る。
あの日から、私はカタツムリを触れなくなった。

悲鳴のない命なんてあるわけないのに、
思い出の中のカタツムリはいつも無音で消える。

電灯の渦の中に目立つ大きな蛾^がも
家に入ってきたあの蜘蛛^{くも}も
砂浜に打ち上げられた貝殻も。

全部、声がなくて本当によかった。

声が聞こえたのなら
私を覆^{おお}うほど大きくなって、夢に出てきただろうから。

きっと私を殺しにくるだろうから。

〔エッセイ〕　あなたの地獄を知らなかった

「あの子、いまどうしてるかな」

部屋のカーテンとリンクした
春の教室の残像をふと思い出す。

大好きだった友達のこと。
けれど些細なことで、離れてそれっきり。
遠い記憶を探るたびに胸がチクチク痛む。

前の席のあなたとゲームの話をしながら
お弁当をよく一緒に食べた。
あなたはコンビニで買ったパンを私に自慢してた。
新作を楽しそうに食べるあなたを羨ましく思ってた。

放課後に公園で遊具に座りながら
一緒にゲームをして遊んだ。
あなたは上手だったから、
私に強いキャラクターをくれた。
またある日は、そのキャラクターが入ったクリスタルを
私にくれた。

ただ全部は思い出せないだけで、

あなたは大らかで「なんでもいいよ」と

私にくれるような優しい人だった。

けれどあなたの隠した傷に、私は気づかなかった。

本当は一人で作った砂の城を必死に守っていたこと。

お弁当もお母さんも全部が当たり前ではなかったこと。

あなたの傷がみんなにバレた時、

みんなはあなたをからかってハブにするようになった。

私はあなたに話しかけたけど、

あなたはぎこちなく笑って私から離れた。

引き留めた時、最後に言ったあなたの言葉を思い出す。

「くらべないでよ。私だけの地獄があるの。
わかったフリしないで」

だったらその闇を一緒に飲み込んで
もっと仲良くなりたかった。
手を取って一緒に地獄に落ちてこそ、
初めてあなたのことわかるんじゃないの。

「あなたの真っ暗な闇を一緒に歩いて行こうよ。
嫌いになる前に、手を振ってよ。
噂を聞く前に、私に挨拶を返してよ」

あの時、こう言って手を伸ばせば今も友達でいられたかな。

幼かったからか、勇敢な心もなくて
あなたが離れてしまったことを恨んだだけだった。

進学先が分かれて、そのまま連絡先もわからなくなった。

たった一度のすれ違いで一生会わなくなるなんて、そんな。

もっと私が賢くて思いやりに長けていたら。

めいっぱいに手を伸ばせていたら。

あなたの地獄に飛び込んでいたら。

今はもう会うことも、助けることもできないし、

そんな事実さえ、消えていく遠い場所にいるけれど、

悔しくて悲しかったあの遠い記憶のささくれが

未だに喉に刺さったままでいる。

小さな鍵穴

近年、小さな四角の画面からなんでも覗けるようになった。
気になるあの子の放課後も、嫌いなあの子の晩ご飯も。

私たちはなんでも知ってるような口ぶりで、
お互いを枠の中に押し込む。
IだとかEだとか、JだとかPだとか、
ナチュラルだとか、ストレートだとか。
そんなのって、小さな鍵穴から見ているようなもの。

本当はそんなのはどうでもよくて、
気が合えばただ一緒に帰ればいいだけなのに。
判断材料は、鍵穴の中に閉じ込められた一日で消える物語。

リアルを映すはずなのに、そこでもまた偽って演じて、
また音が鳴れば写真を撮るの。
みんなそうやって綺麗なところを公開するの。

扉を開けなきゃ何も見えないのに、
私たちはまた、
指先で小さな鍵穴をこじ開けようとするだけ。
勝手に決めて、勝手に嫌って、また勝手に好きになる。
明日になれば会えるあの子のことでさえ、
小さな鍵穴から覗いてる。

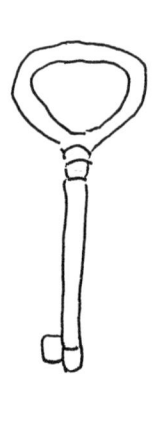

こんなの本当につまらないって、
自分でもよくわかってるのにね。

私はあの子のことを何も知らない。

そしてまた、
あの子も私のことを何も知らない。

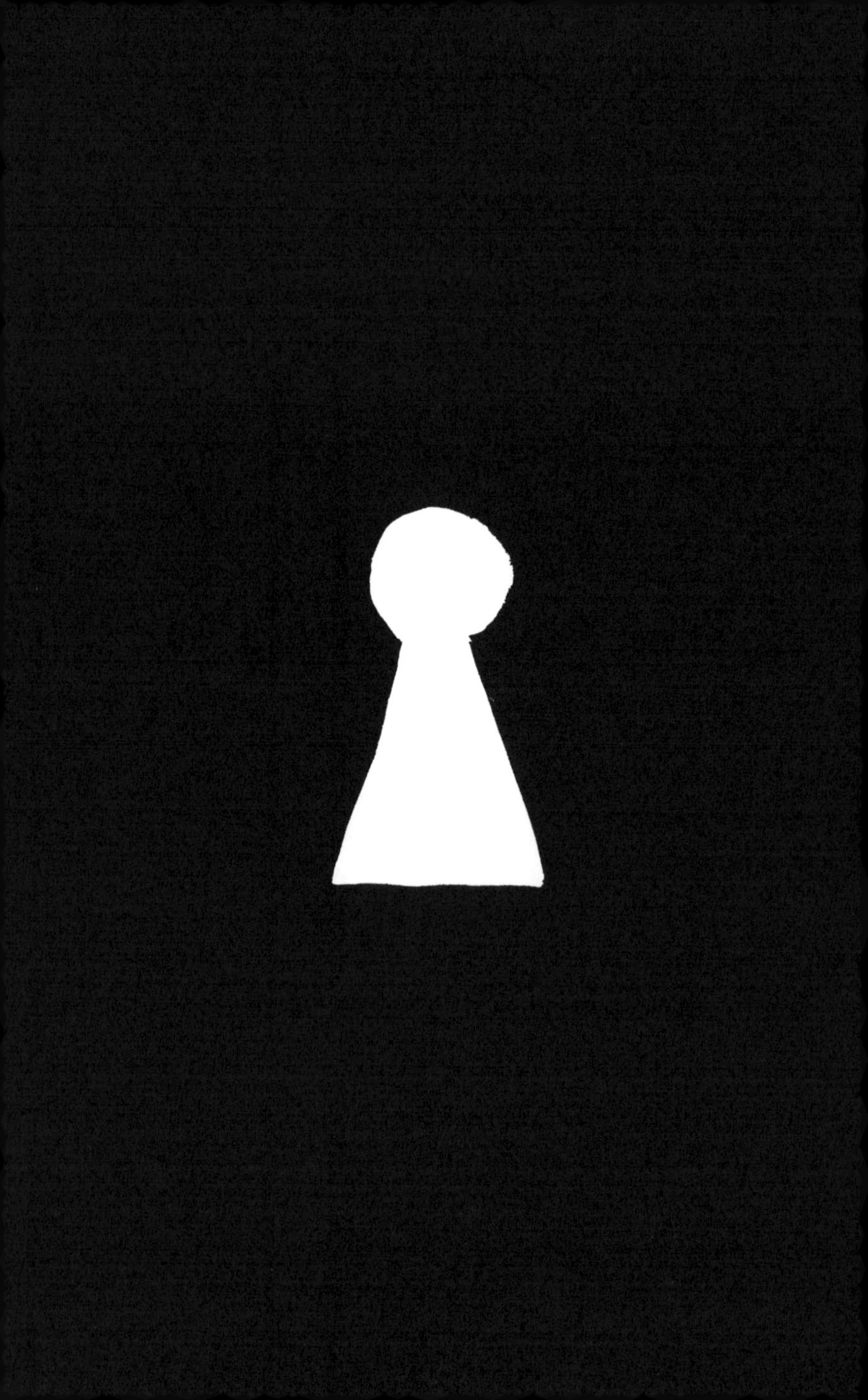

見せかけの花を焼き払う

あなたはこの世の花をひとつ残らず集めて
私に手渡してくれたようだった。

人生の一面を覆い尽くしたあなたという花園に、
私は今、一人で立っている。

でも、あなたが咲かせたのは徒花。
花園はぜんぶ見せかけ。
私はきっと甘い言葉に寄ってきたただの虫。

でも残念ね、私には羽があるの。
あの子にも渡していた花に、効き目の強い除草剤を。
地中まで枯らして、この徒花を全部焼き払ってあげるから。

あなたが開けた心の穴に、一本の花を植える。

いいの。あなたが欠けたって。
幸い、心はここにある。
この先を抜ければまた花畑が広がってる。

さようなら、もうここには来ない。
私は大丈夫だけど、あなたは大丈夫かしら?

かつて見た夢

夢は何度も姿を変える。
時には美しく、時には残酷に。
夢はあまりにも美しく、
見たことのない素晴らしい景色を映し出してくれる。
夢はあまりにも大きく、
私たちを誘惑し、執着した心に寄生する。

いつか必ず叶えるために。
全てを犠牲にして夢のために生きる。

叶えたものだけが美しいと感じるこの憎たらしい空虚。
夢は手にしようと触れると瞬く間に枯れ、
毒々しく私たちを蝕む。

まるで大きな人食い花のように
私たちをあっと言う間に飲み込んで、
逃げ場を与えない。

かつて幻を見た私たちの宿命であるように。

偽物の才能

夢のかけらは手に取るとキラキラと輝いた。
まるで本物のダイヤのように。

「憧れ」は夢を加速させ、
温められた期待が勘違いを生む。

私の才能はこうして作り上げられた。

幼い頃、長く続けたピアノ教室を思い出す。
時間をかけるたびに少しずつ上手になっていく。
でも、ほんとにそれだけだった私の才能。

この偽物の才能を信じるのはもう限界だと気づく時がくる。

あーあ。気づいちゃった。
やる気も全部なくなっちゃった。
開き直ったほうが私のため。
ここにある鍵盤は他の誰かのため。

どうせなら全部取り上げてほしかった。
少々あったこの才能に振り回されて
本気になってた私が可哀想。

お願いだから何も言わないで。
私はそれなりに努力して、一生懸命してきたの。
楽譜の隙間に見える小さな光を
何度も信じてここまで続けてきたの。

けれど、私は違った。それだけははっきりわかる。
先生に「他にやりたいことができた」と嘘をついてやめた。
どれだけ自分を信じてみても、
私は一生懸命なだけで夢中になれなかった。

そんなこと、今でも知りたくなかったけど。

私だって、
天才に追いつきたかったんだってば。

正しくない夜

「正しいこと」はわかっている。
だから今の私は「正しくない」。
けれど、中毒のように間違いを選ぶ
今の私の気分はそんなに悪くない。

ズル休みをすること。メイクを落とさず寝ること。
電気をつけっぱなしにすること。
これ以上痩せなくていいはずなのに、
もっと痩せたいと、鏡を気にすること。
天使に見えていた悪魔のような彼を愛し続けること。

全て体に毒になること。
私が選んだものは全て間違っている。
全部、正しいほうはわかってる。

けれど正論より共感が必要な夜がある。
泣いてでも間違ってることを肯定したい夜がある。
間違った私に寄り添ってあげられるのも私だけだから。

そうやってこの悲しい夜を越えていきたいの。

先 生 の 言 葉

人と違う道を選んだら、それなりにつらかった。

ある人は、「レールから外れたら戻って来られない」って、
私の言葉を聞こうともしない。

面接官のあの人は、
「社会に出ていないから人としてダメだ」と言った。
高校生向けのマニュアルを持ち出して
「社会とは」を語ってきた。
「保険に入れてるの？ 社会を知らない人はいらない、
君がこの仕事を断ってくれて嬉しい」と言った。

学校のあの先生は、
かわいい絵が気に食わないって。
「ふわふわで、誰でも描けそうだ」と言った。

けど、秀でたものがなければ
それはそれで不満そうな顔をするのに、
私の好きなことは「くだらない」って言うのね?

あ〜あ。

そんなにあっさり私の好きなことを否定するから、
危うく全部私が間違ってるのかと思っちゃったじゃん。

体裁とか見栄とか他人の意見とか。
肝心じゃないものばかりここにある。

やっと見つけた私の大切な夢。
私の唯一の希望をどうかバカにしないでほしい。

私を否定したみんな、そこで黙って見てて。
私、こんな絵も描けるの。

私、好きなことをしているほうが息がしやすい。
だから私、好きなことして生きていくね。

みんなが呆れるほど、この先ずっとずっとよ。

今度は私が許す番

胸に刺さった包丁をゆっくりと抜く。
あの子は知らず知らずのうちに私の心を殺そうとした。
痛みは次第に怒りへと変わり、
私もまた心ない言葉を準備する。

けれど、相手を傷つけても結局は何も報われない。
相手もまた痛みを抱えて傷ついていくだけ。
争いは何も生まない。

傷ついて傷つけた私たちの「あるべき姿」が鏡に映る。

きっと私も何度も殺してきた。
そして私は何度も許された。

私の何気ない言葉と行動が、
知らないうちに誰かを傷つけたかもしれないのだから。

ならば、今度は私が許す番だ。
気障ったらしいあの子を見逃してあげる番だ。

そうして怒りの炎を、蝋燭を消す時のように一瞬で鎮める。

息を吹きかけて、痛みも怒りも消し去る。

私が犯してしまった過ちも許してほしいという願いを込めて。

別れが残してくれるもの

別れは人を優しくしてくれる。
別れは全てを美しく見せる。

小さな花びらが舞うあの日、
寄せ書きの言葉を見て、ようやく君のことがわかった。

別れは人を後悔させる。
別れは全てを失ったように装う。

そのうち会えたら、と先延ばししていたら、
二度と会えなくなった。

救えない別れはいつか必ずやってくる。
当たり前の温もりが動かなくなること。
拒みたくなる想像が、生きているものの宿命だから。

止まったままの約束と、言いかけた話の続きを。
間に合うなら今すぐに。

別れは時に、人を強くする。
残ったのは悲しさだけではない。

残してくれた時間、記憶、季節、全て大好きだよ。
あまりにも綺麗で涙が出るほど素敵な時間のはずだったから。

Chapter 3

世界を別の
角度から
眺めてみる

私 の 好 き な 嘘

私の好きな嘘は優秀なの。
面目を保ったり、周囲を感心させたり、
責任を逃れたり、悪行を隠したりね。

でも無闇についてしまっては
後戻りはできないってことも知っている。

だから私は決めているの。
嘘は誰かのためにつくと。
誰かを守るための嘘だけは、
嘘とは呼ばないことにしているの。

１００ 年 後

誰もが知っていて、誰もが忘れてしまうこと。

明日は当たり前に来ること。
でも「100年後」は来ないこと。

命は、突然、いつか、必ず、
儚く尽きて消える。

宙を舞う蝶も、大地に咲く花も、
ふわふわの犬も、大嫌いなあの子も。

そっくりな二人

赤と黒。並んだ二人はすごくそっくり。

でも私はかわいいてんとう虫なんかじゃないよ。
左側の顔が動いてこちらに微笑む。
警告色が全く同じのよく似た昆虫。
本当の名前はヘリグロテントウノミハムシ。

害虫だって言われるけど、
あの子の隣にいれば天敵が避けてくれるし、生き残れるの。

まさに身を守る術のひとつ。

ベイツ擬態。
危険な生きものに自ら似せ身を守るという生物の
擬態の一様式。
毒を持つ蝶の姿を無害な蝶が模倣したり、
ハチの姿に寄せたりとさまざま。

強いお友達のそばにいるほうが、なにかと有利でしょ。
優秀なところを妬むより、まねして盗んだほうがずっといい。

どんなに惨めに生まれてきたって思っても、
そのままじゃ代わり映えしない私のまま。

賢い私は知っているの。
模倣は生きる術を教えてくれる。
憧れは夢を見つけてくれる。

あなたが手のひらに乗せたそのポップな柄。
本当にてんとう虫だって思ってるの？

私が小さく見えるのは取り囲む環境のせいだ。
私の価値は、生きる場所次第で変わるのだ。

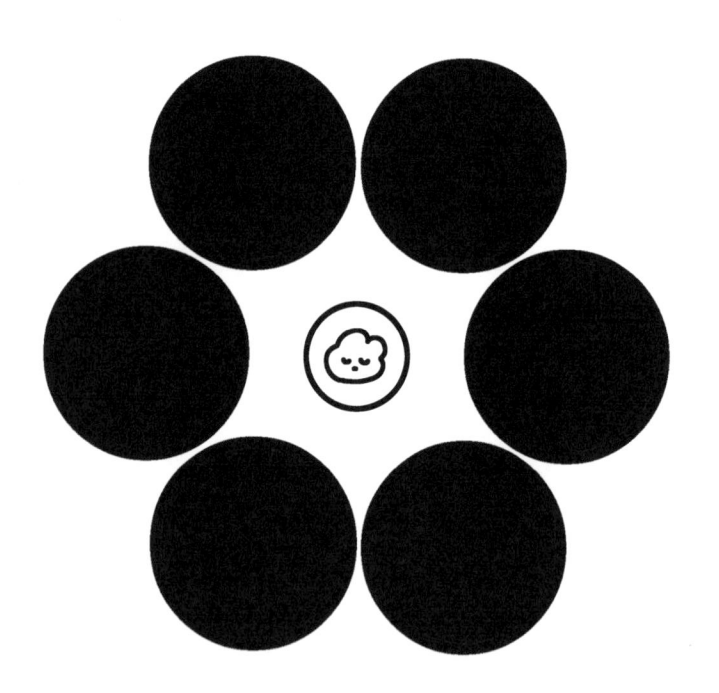

真ん中のマルは
同じ大きさ

くらげのひとりごと

透明な姿にできた神秘的な影。
永遠にやってこない命の終わりを待つ徒(いたず)らな遊び。

何億年も続けていたら、随分と退屈になってきたの。
恐竜が火に呑まれた時も覚えているし、
人類が初めて火を灯した日も見てきた。

あぁ、不死はつまらない。
脳も心臓もいらないって言ったけれど、
ちゃんと終わりは欲しかった。
永遠の中にいると、
本当に大切なものがわからなくなるから。

死の境界が曖昧な世界で溶けゆく体にまた生まれる命。
こんな私にもいつか終わりが訪れますように。

限りあるという、儚(はかな)く大切な今を生きてみたい。

たった一人に嫌われたくらいで

あの子は私の名前を呼んで、嫌いだと言った。
深く鋭い言葉が心臓に刺さったまま、
あの子の表情がちくちく残る。

なるべく嫌われないように恐る恐る顔色を窺って、
当たり障りのないようにしてみたつもりだったけど、
それでもあの子は私が気に食わないんだって。

あーあ、だったらもういいよ。
意外と薄情なこの心。

よく考えてみてよ。
寄り添ったのに嫌われたのならそれまでだ。

無理して感情を犠牲にして、相手の機嫌を取るのはもうやめ。
どんなに努力したって、相手の気持ちは変えられない。

あんなにおいしい大福を苦手だって言う人もいれば、
唐揚げを嫌う人もいる。

だから、全員に好かれようとしなくていい。

少しチクッとしたけどそれはただの小さな棘。

実は小さく浅く、大したことのない傷。
手術も必要ないし泣くこともない。

それに、たった一人に嫌われたくらいで
私の人生は終わりはしない。

間 違 い 探 し

こことここが間違ってる。
間違いばかりにすぐ気がつく。
間違いばかりに目がいく。

あの子は、気を遣えない。自分の機嫌が最優先。
あの子は、会話の中心が悪口ばかり。
あの子は、つまらない自慢でマウントを取る。
彼は、私を下に見てた。お礼も何もないし。

間違いを探しては、全部見つけてバツをつける。
あの子もダメ、あの子もこういうところがあるからダメ。

いつもそうやって、
ほんの小さな間違いを大きく丸で囲んだ。

そんな自分があたかも正解であるかのように。

そしてあの子のいいところを知らないまま。

こことここ、間違ってないよ。
こことここ、すごく好きだよ。
こんなふうに、印をつけられたら。

ねえ、そろそろ間違い探しはやめにして。
私は「いいところ探し」をしたい。

名 前 を 知 ら な い ソ レ の 役 割

「名前もわからない何かが
大切な役割を果たしている。

気にもしなかったことが
案外大切であったり、
今手にしているものが
一番重要だったりする」

と、バッグクロージャーは言うのです。

しっとりクッキーが小さくなった

この前、個包装のしっとりクッキーを
お皿に並べながら思った。

え、こんなに小さかったっけ?

私はこのクッキーのかなりの古参で、長年愛してきた。
言わずもがな、
不景気の中どんどん小さくなっていたことも知っているし、
このクッキーにはほんとに同情している。

けれどまた小さくなっていたなんて。
悲しい気持ちと半々に私は感謝する。
なんらかの問題でこのクッキーが
完全に食べられなくなっちゃうよりはマシだから。

いろんな困難を変化で乗り越えて、
現状、クッキーは私の目の前にちゃんといる。
小さな隠れた変化がしっとりクッキーを
どうにか保ってくれている。

環境や状況、問題は絶えず変化し私たちに直面する。
何も変わらないままでは、今のままを維持できない。

もちろんあのアイスクリームも、
値段が優しいままなのは内容量が変わってるから。
小さな変化が「そのまま」を保つ。

しっとりクッキーが年々削られること。
それは、しっとりクッキーが
しっとりクッキーでいられるようにするため。
問題に対応し変化して、今の形を保ち続けられる。

私がしっとりクッキーから習ったこと。
そのままでいるためには、そのままではダメだってこと。

しっとりクッキーは変わらないために変わり続ける。

だから変化を怖がらないでいよう。
そのままでいられるように。

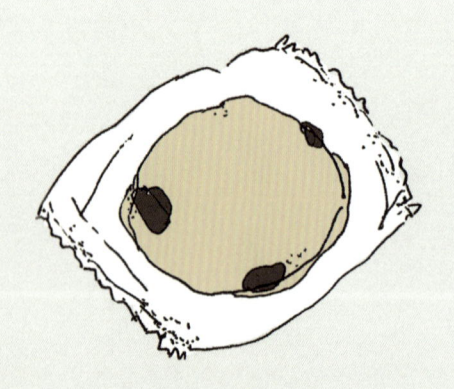

毒きのこはどれ

一緒にパフェを食べても画面ばかりを気にするあの子。
不幸を振りまくあの子とは、何を食べても味が薄い。

真っ暗な画面を何枚も載せるあの子の心理、
私とあの子の別々の論理。
教室で見せる顔と、放課後に見える素顔。

嫌いにはなりたくないから、私は少しだけ離れてみる。
賢い私は、見極めもちゃんとできる。

まるで山で見つけた木の根っこに並んだきのこのように。
私にとっていいきのこか、はたまた毒きのこか。

あの子と一緒にいても苦しくならないか、
後々、窒息しないか。

見分け方はだんだんとわかってくる。
色彩的にも性格的にも。

ひとつひとつ並べて、よく観察する。
私にとって本当に大切にするべきものか、
判断を誤らないために。

大 切 な も の は 多 め に 用 意 し て

大切なものは多めに用意して。
脳みそは 9 個。一応ね。
でも水につけると死んじゃうの。

心臓は 3 つ。
自分のものと、忘れた時のための予備。
あとはあなたに渡すぶん。
それでも足りないものよね。命なんて。

大切ならちゃんと隠しておかないと。
そうでしょ?

でも、どうして足は 8 本もあるの?
タコは二足歩行だというのに。

脆いからに決まってるでしょ。
私たちはもともと弱くて脆い生き物。
2 本じゃもちろん足りないよ。

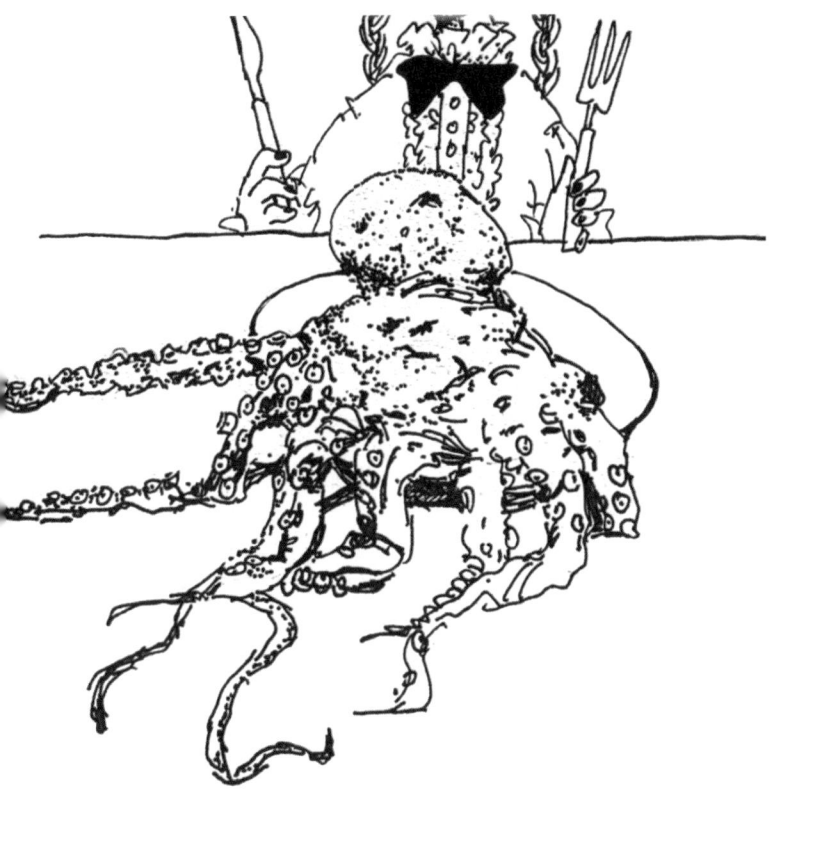

でも人間はすごいよね。

一度壊れたら、再生もできないくせに、

脳みそも心臓もたったのひとつしかないなんて。

すっごくすっごく大切なものなのに。

いろんな結末

人によっていろんな結末がある。
表を見ればハズレでも、裏を返せばアタリだったり。
どんな最悪な結末に思えても、
誰かにとっては救いになったかもしれない。

学校の生徒がゾンビに食べられて
一見悲しみに満ちたエンディングでも、
殺されたのが卑劣ないじめをする生徒なら
きっと被害者は笑顔でゾンビに拍手を送る。

あなたが誰かに笑われて終わったその結末、
本当に最悪だったかしら?

あなたの物語を聞かせて。
きっと思うよりそう悪くないはずだよ。
点数に出ないこともたくさんあるし、
右上の赤い数字があなたの全てではないから。

あなたがいいと思ったらそれでいい。
たとえ他人が最悪だと笑っても、だ。

あなたが少しでも楽しかったのなら、
真剣に頑張ったのなら、
それだけでバッドエンドじゃないはずだから。

折り紙つき

私は私に自信がない。

だからノートを用意して、正方形に切っていく。
そのペラペラな紙をひとつひとつ折っていく。
学校に行く時のカバンの中に。
仕事へ向かうカバンに。
ロッカーと自転車のカゴと私のシャツにも貼り付けて。

これで私は折り紙つき。
こんなおかしな自信の持ち方を私は続けているのだ。

けれど
本当はね、私に 価値の
保証なんていらないよ

おりがみは切って
おってみよう！

折り紙を折ってみよう！
何ができるかな？

①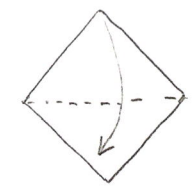

②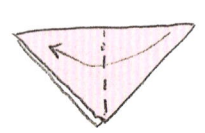

⑤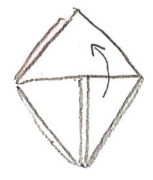

⑥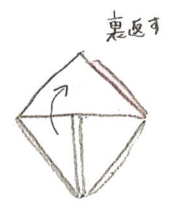

裏返す

⑨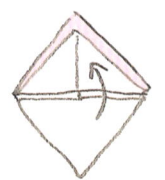

⑩

裏返す

③

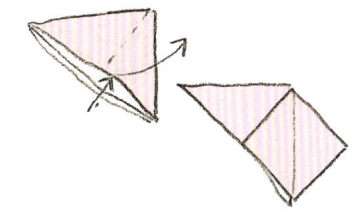

④ 裏返す

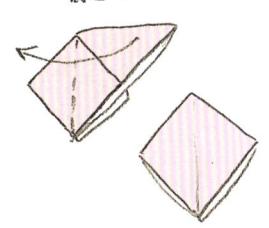

⑦

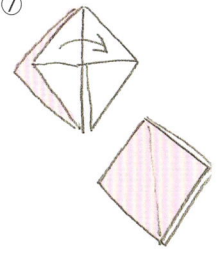

⑧ 裏返す

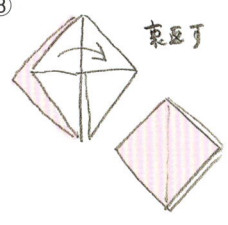

⑪

中身をあける

⑫ お顔をかいて
できあがり♢

頑張っても何にもならない。
必ず綺麗なものが出来上がるわけでもない。

どうにも意味のないような時間が
この先もきっとあるだろう。

けれど、いつか素敵な何かに見える日がくるかもしれない。
折り紙を折ってよかったと思う日がくるかもしれない。

まねをしないで

同じ筆箱。
次の日に持ってくる君の心理がわからない。

同じネイル。
私のを見た時はあんまりだって言ったのに。

同じ好きな人。
私が好きだってこと知ってたくせに。

まねっこされるのは嫌い。
黙ってまねっこされるのはもっと嫌い。

あの子も持つと意味がなくなる。
私だけが持つことに価値がある。

そう思っていたけど、こんな考え方もある。

誰かにまねをされたら、逆にそのものの価値の証明になる。
私が選んだものが魅力的に見えたからまねをするんだから。

他人がそれを欲しがれば、
私の選択は間違っていなかったと自信がつく。
それに、誰かが同じものを持っていたとしても、
私が持っているものは素敵なままだって?
まねっこされることはいいことだって?
似ていることを喜べって?

……なんて私は思えない。
だって誰とも被らないから勝ちがあるんだもの。

悲劇のヒロインになる前に

「あの子に嫌なことをされた」

嫌なことが起きた時、私はすぐに被害者になる。
許せない、信じられない、嫌いって。

けれど、私にあるようにあの子にも心がある。
その行動にもし理由があったのなら。

頭の中で悲劇のヒロインになる前に、
傷ついたのは私だけじゃないかもしれない、と思ってみる。

誰かを嫌いになる前に。
私の正義を信じる前に。

ただひとつ
確かなことは、
嫌な思いをした全員が被害者であるということ。

サ ソ リ の 心 臓

大きなハサミで暗闇を裂（さ）いて、
赤く輝く私の心臓は一等星。

いざとなれば、綺麗な酸素も必要ないし、
放射線だって平気なの。

傷つけられたなら、復讐する針がある。
暗闇に堕（お）ちても、赤く強く照らす心臓がある。
8つの目は涙が溢れないようにあるの。

毒も持たぬ人間は脆く、泣き虫で、身を守る術を知らない。
地球が滅びる日にただ口を開けて見てるだけだなんて、
まるで命が何個もあるみたいね。
心が冷えて体が蝕（むしば）まれる時でも、何もできないなんて。

そうやって言えば、また泣くだけのあなたに
私はハサミも毒針も全部あげたいのに。

あなたがもうこれ以上、泣かなくていいように、
傷つかなくていいように、死ななくていいように。

あなたが少しでも楽に生きていけるように。

この暗く枯れたこの荒れた地にいる
猛毒な私と、孤独なあなた。

手をつなげられたらよかったのにね。

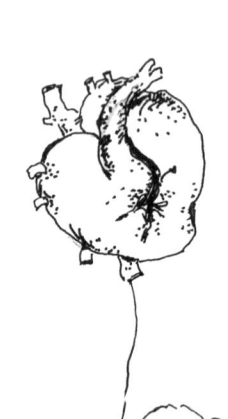

〈えほん〉 死神

生きものは
死と手を結んで生まれた。

真っ白な空に微かな風が
足元の草木を揺らし、
私の頬を優しく撫でる。

「何にもないね」
「ううん、ここには花も風も空もあるよ」

私の手を取り微笑むのは、
ヘンテコなシーツを被った女の子。

前の記憶も今の記憶もない。
私が誰だってことも覚えていない。
鏡があれば少しは思い出すかもしれないけど、
そんなことより、
握った手がとても冷たいことに気を取られていた。

「どうしてあなたの手は氷のように冷たいの?」
「そうかな? あなたが温かいだけよ」

このヘンテコなシーツの女の子は、
小川のそばに咲いた花をぼんやりと眺めながら言った。

「あの小さなお花とても綺麗ね」

私は花を手に取り、彼女に手渡そうとした。
けれども彼女は受け取らず、悲しそうな顔をした。

それから二人はとても仲良く遊んだ。
二人ぼっちというのは、少しは楽しいものだった。

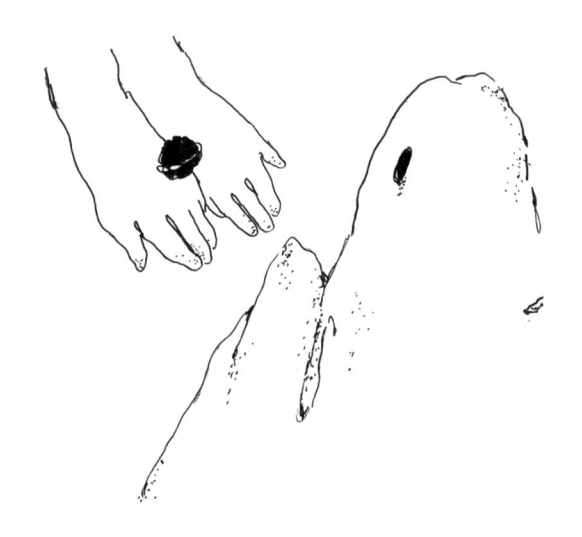

お腹が空いた私は、木の実を彼女と分けることにした。
彼女が恐る恐る覗き込み、触れようとした瞬間、
木の実はあっという間に腐って枯れてしまった。

彼女は悲しそうに、
また私が渡した小さな花をぎゅっと握り締めると、
花も枯れてしまった。

「私の名前は死というの」

死は、退屈そうに言った。

「あなたと一緒にずっと遊びたいけれど、
それはできないの」

死は悲しそうにつないだ手を離した。

死はいろんなことを教えてくれた。

この真っ白な空のことや、
始まりがあれば、終わりが来ること。
死は必ずやって来ること。
温もりのあるもの全てに訪れること。
色も温度も何もかも、全て持ち去ってしまうと。

そして
いつ来るかは教えられない、と言った。

死は最後に言った。

いつかあなたにも必ず訪れると。
だからそれまでは絶対に会いに来るなと。

「それまでは

たくさんのことを経験して、

たくさん幸せになって

いろんなことを叶えて、

いっぱいいっぱい生きてね」

「いつでも私のことを忘れないでね。

生きているという今が、
どれほど愛おしいことか」

「たくさん思い出の話を聞かせてね。

また会う最後の日まで、
ずっとここで待っているから」

「最後は私のことを

ぎゅっと抱きしめてくれたら嬉しいな」

おわり

Chapter 4

大切な私を
大切にする

だらけたティータイムを続けていく

最近、違った甘さが流行っている。
仕方なく諦めることを肯定する、そんな身勝手な甘み。
甘いプレートを頼んで、「このまま」を満喫し休憩する。

糖分ばかりじゃ体に悪いけど、
やりたいこともないし、素敵な人もいない。
自由な時間もないし仕方ない。
何しても無駄〜〜〜〜。

駄々を捏ねながら、呑気な昼下がりを続けている。

居心地のいい席に座り続けて、
ふわふわクッションに埋もれてたい。
カロリーだけを溜め込んで、砂糖の塊のように沈んでる。
きっといつかは、誰かが引き上げてくれるはず……。

なーんて。
このまま甘えた考えで、
永遠にだらけた
ティータイムを続けていく。

人生、開封後はお早めに。

何事にも期限があるように。

説　明　書

- 名称：わたし

- 内容量：ひみつ

- 原材料名：君と夢

- 賞味期限：蓋に記載。

- 保存方法：適温で明るいところで保管してください。

毎日の "お砂糖" を補充する

私は人生の甘さを調節する。

思いもよらない幸運もあれば、前触れのない不幸もある。

元気な時もあれば、落ち込んでる時もある。

だから、少しでも好みの人生になるように調節する。

心が壊れちゃいそうな時は、角砂糖を 10 個。

ちょっと元気な日には、お砂糖は小さじ 1 だけ。

頑張れる日は、お砂糖なしでも大丈夫。

大切な毎日を安定して過ごせるように。

余りのないように調節して、

不足している時は必ず足しに出かける。

私にとっての甘さは、

枕カバーをふわふわのに替えたり、

2 個入りパックのさくら餅を買うことだったり。

幸せに感じる味は人それぞれ違うから、
何が余計で何が足りないのか考えてみる。

人生は山あり谷あり。
なら、谷の部分には全部お砂糖を入れておけばいい。

糖分が足りてないだけだって思えるように。
もうダメだって思わないように。

私は、毎日甘くてとろけるような安心を
たくさんたくさん補充しておく。

とっておきの幸せは分けても減らない

四つ葉のクローバーを一片ずつちぎる。

一枚をあなたに。
もう一枚もあなたに。
残りの二枚は私に。

見つけたとっておきの幸せは
分けても減らない。

分けられる相手がいること。
分けたいと思える相手がいること。

残った二枚のクローバーの葉を見て
クスッと笑って、気づくの。
私は今とても幸せでいるんだと。

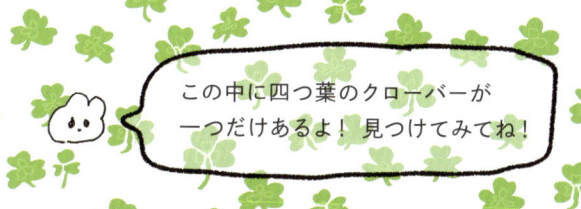

この中に四つ葉のクローバーが
一つだけあるよ！ 見つけてみてね！

なんでも楽しくする色

虹色ってすごいんです。

虹色の手紙
虹色のやかん
虹色のマルチーズ
虹色のおじさん
虹色の不安
虹色の失敗

なんでも楽しくしちゃうんです。
なんでも明るくしちゃうんです。

事実って退屈ね。

私はもっと派手な空想が好きよ。

「あ、UFO」って空を 指差して切り抜ける

どんなに大きな困難も
「あ、UFO」って、空を指差して切り抜けたいの。

どんなに大きな失敗も
「あ〜」って、解決していきたいの。

どんなに苦しい結末も
「あ、きっと大丈夫」って、立ち直って生きたいの。

浮 か べ る 幸 せ は 何 個 あ っ て も 問 題 な い

今日は、黄色いアヒルをふたつと、
ピンクのヒトデと丸いあざらしもひとつ。
バスボムは花びらが入っている紅茶の香り。

湯船に浮かべる幸せは、何個あっても問題ない。
固形の幸せを惜しまずまるごと沈ませる。

空気を含む無数の泡は生きている証。
汚れも憂鬱も、全部洗い流してくれるから。

いつまでも浸かっていたい。
この擬似的な無重力に。
ふやけるまで浮かんでいたい。
この完璧な無責任に。

顔 を 変 える

顔を変える。
ドレッサーに並んだお面の中から、今日の私を選ぶ。

あの人に会う時は、頼れるチャーミングなかわい子ちゃん。
偉い人に会う時は、おバカな天然の控えめお利口さん。
嫌いな人に会う時は、無口で無愛想な
当たり障りないお人よし。
まるで別人になり、上手に世を渡る。

人生の暮らしは、
時に何者かになり演じなければうまくできないもの。
この先もきっと私を否定する人はいるから、
たったひとつの私だけじゃどうにも足りない。

あの子の顔もあの子の顔も全部、私が演じる。
痛みを分散させて、つらさも苦しさも全部、
「私A」とか「私B」に背負ってもらうことにする。

だってなによりも大事なことは、
本当の私を守り続けることだから。

私 が 育 て た 小 さ な 花

花束も約束もいらないんだよ。
隣にいられるならなんだって我慢できる。

だからこんな私でも否定だけはしないでほしいの。
だめなところも弱いところも全部含めて私だから。

私が育てた小さな花を、ゴミのように扱わないで。
私が愛した私を、心なく捨てようとしないで。

椅子取りゲーム

「椅子取りゲームをしましょう」

先生の声でみんなが机を移動させる。

保育園の頃、このゲームが苦手だった。
どんどん少なくなっていく椅子に、
どう見ても合わない人数でくるくる回る。
大きな音楽がいきなり止まる瞬間に、
心臓がきゅっと縮まる。

負けるのはもちろん嫌だけど、争うほうがもっと嫌だった。
もともと足りない椅子を並べるのも、
誰かを押して席に座るのも、嫌いだった。
だってどんなに頑張っても、誰かは負けるんだもの。

私がうまくいけば、誰かが落ちる。
私が幸せであることが誰かの不幸せになる。

強者が勝ち、弱いものは不幸を見る。
そんな土俵に上がること自体が嫌いだった。

だから幼いながら、
私はなるべく争いのない世界に逃げたくて
スケッチブックの中に入ったのかもしれない。

勝ちも負けも、間違いも正解もない、
それぞれの椅子に座って描く
大好きな絵の世界で過ごしたのかもしれない。

私 と 約 束 を し よ う

この本を選んでこのページを読んでいるあなた。

そうです。 あなた。

この世界には初めから私とあなただけです。
顔も知らないものどうしなら、
他のことは何も考えずにいられるはず。

だから私の言うことを聞いてほしいのです。
秘密の約束をしましょう。
私とあなただけの。

あなたの優しいところも
毎日頑張っていることも全部、知っています。

だから約束です。

幸せになってほしいのです。

あなたって自分のことになると、全部後回しにするから。
目を離すとすぐに我慢して、無理をするから。

「自分のために幸せになるのは、
なんだか甘えてるみたいだし、
誰かのためにって言っても、
私の幸せを願う人なんているかしら?」
——そう思っちゃうあなただから。

ここにいる私のために。
私のために、幸せになってほしいのです。

心 の お 手 入 れ は ソ フ ト コ ー ス で

たったひとつ、些細な出来事で
心は簡単にくすんで、変色する。
もうこれ以上、生きていられない。

そう思う時は、心を一度取り出して丸洗いする。

まずは、好きな洗剤の香りを選んで、
40℃程度で修復ソフトコースのボタンを押す。

途中で柔軟剤を入れて、
丁寧に洗い上げて、ふわふわに仕上げてもらう。

脱水後、木漏れ日のそばで天日干し。

これで完璧。

毎日使うものだからこそ、疲れもキズもしっかり落として、

優しくクリーニング。

温かい太陽に当て、

長く使えるように長く休ませてあげるのです。

心は誰からも見えないから、

私自身が一番お手入れしてあげなければ、と思うのです。

ひ と つ 残 ら ず 大 事 な 私

失敗しても怒らないで。
私、今立ち向かっているの。

転んでも笑わないで。
私、今挑戦しているの。

間違っても嗤わないで。
私、本気なの。

失敗ばかりの下手な私の人生でも、
私はいつでも本気なの。
全部それでいいって、そんな人生でも愛してるの。
今日の私も、明日の私も。
笑っている私も、泣いてる私も。
幸せな私も、死にたい私も。
生まれた時から欠けることなく、ひとつ残らず私だから。
終わりまで、私は私を愛してあげたいの。

思った通りにならない人生
まるごと　全部、
　　愛しているよ。

反 対 の 言 葉 を 探 す 旅

終わりのない憂鬱な日々は、正直に言えばうんざり。

ムカつくとか、下手だとか。
嫌いとか消えろだとか。
誰かに言われた心ない一言が頭の中を巡る。
涙が出るほど痛いのは確かで、何度も何度も痛むの。

忘れようとどこかに置いてこようともしたけれど、
私の乏しい想像力では
もうどこにも逃げられない気がしている。

だからお願いがあるの。
あなたと旅に出たいの。

愛だとか、夢だとか。
好きとか大好きとかありがとうとか。
一緒に、反対の言葉を探しに行こう。

いつもの道を遠回りしてもいいよ。

ここから遠く離れた場所に行ってみてもいいよ。

私たちが想像できない場所に一緒に行こうよ。

この後すぐでもいいし、準備したらすぐに出よう。

きっとあなたとなら見つけられる気がするの。

ねえ、どうかな。

１２０点の最期

何も選べずに生まれてきたのだから
最期は自由に決めてもいいでしょう。

決して惨めな選択はひとつもない。
最期は人それぞれ違うから。
どんな最期を選択しても許してあげる。
間違いもないし、誰が正しいとかもないよ。

どんな最期でもあなたが選んだものが正解。
もちろん100点満点だね。

けれど、もしも君が今ここに一緒にいてくれれば。
それはたったひとつ、120点になる方法かもね。

私は不完全でいたい。
私は未完成でありたい。

あなたという余白をあけて、
あなたがいて完璧にしたい。

明日のための貯金箱

私たちは、ありもしない心配のために努力する。

不安と臆病さで貯蓄する。
幸せを後回しにして我慢する。

未来のためにあと少し。
不安をなくすためにあと少し。

足りないものがあると怖いから。
余裕を優先して、今を犠牲にする。

あり余るほどのあらゆる余裕を集めて、
かわいい豚の背中の穴に何もかも入れる。

入りきらない余裕を見て安心する。

そしていつまでも蓋を開けないまま、
貯めたはずの幸せを使うこともないまま。

明日のために置いておいたケーキは腐る。
来週のために置いておいたクーポン券は切れる。
未来のために置いておいた花は枯れる。

少し先のためのお世話を焼くよりも、
大切なのは間違いなく今だ。
どんなに貯めておいても、
過去にも未来にも私はいない。

だから私は。

今日のために、クーポン券を使うし
今日のためにお花を飾って、ケーキを食べる。

貯金箱を壊して、今をもう少し幸せに生きる。
過去よりも未来よりも、大切な今を幸せにしなくちゃ。

暗闇の中で

本当の闇は、目を開けても見えない。
真っ暗な夜には、何もない。
知ってるの。
この暗闇はきっと抜け出せない。

でもね。私はそれでいい。

世界で一番孤独な夜。
さまざまな暗闇の中には、さまざまな星が見える。
どんな底にも必ず空はある。
どんなに暗い夜にも必ず星はある。

だから私は暗闇の中でいいの。
眠れなくてもいいの。

だって
あなたと一緒に星を数えられるんだから。

世 界 と 戦 わ な く て い い

幼い頃、私は保育園の庭にあった緑色の鉄でできた
置き物のポストに手紙を入れたことがある。
内容は忘れたけど、
オムライスとかハートとかそんな絵を描いて入れた。

次の日、友達と一緒に見に行った。
なくなっていることを期待したけど、
ただそのまま手紙はあった。

「何を描いたの?」と聞く友達に見せて、
一緒に笑っただけ。
だけど私にとっては十分すぎる返答だった。

今の私は、地球のみんなに向けてポストする。
きっとあのオムライスの絵をポストすれば、
いろんな返答がもらえる。

「なんでオムライス?」
「下手」
「何を伝えたい?」
「絵が好きじゃない」

私たちは気づく間もなく
あまりにも大きな舞台に飛び込んでしまったようだ。

買ったコーヒーや、買った洋服、行った場所と、
つないだ手。
恋人と何年になったとか、別れたとか結婚したとか。
自分の部屋とか自分の気持ちとか放課後のポテトまで。
全部全部、あの思い出のポストの中に入れるだけで
よかった。

かつては私たちもそうだったじゃないか。
世界中に見せびらかさなくても、
お母さんに聞いてもらえれば満たされていたはずなのに。

つながった友達全員、世界中に、
気に入られるように怯えながら文字を打つ。

そして誰かに見せるために幸せを生み出し、
またこの幸せを誰かに公開しなければ満足できない。

自分の幸せは自分で守れ。

ちっぽけな私一人が世界を相手に戦わなくていい。

Chapter 5

いじわるな
あなたと
弱い私に
甘い仕返しを

嘘つき

綺麗な蝶は美しく宙を舞う。
惨めな蝶は賢く天を仰ぐ。
隠した嘘は、必ず黒く沁みてくる。

そっと偶然を装って、あなたの心を奪ってあげましょう。
永遠に忘れられないように。

一度の小さな過ち、あなたからはみ出たエゴ。
あなたのその美しい羽も私が全て奪ってあげる。

「あなたが私の羽をちぎったこと知ってたよ」

目には目を、羽には羽を。
なんて、嘘だよ。なんて嘘だよ。

親しい中にも嘘はなし。

反 撃 の 魔 法

反撃の魔法を覚えましょう。

嫌なことをされた時

その人はきっと他にすることがない、

海岸の岩のフジツボレベルのIQだと思う。

嫌なことを言われた時

わざとなら、人間じゃない何か。

無意識なら生まれたての赤ちゃんだと思う。

ずっと嫌なことをしてくる時

「次やってみろ？　後悔するぞ。

何倍にもして返してやるからな」

それでもつらい時

花を買ってくる（嫌な人のお墓の前に添えるイメージで）。

毒りんごを食べさせたい人

かつて、童話に出てきたプリンセスが
あれほどまで本当に完璧な人であったのかしら。

このまだらのりんごを見つめながら思うのです。
きっと誰にだって、毒りんごを食べさせたい相手ぐらいいると。

嫌いな "あの子" の殺し方

みなさん、こんにちは。
今、私は人を殺すために
必要なものを探しに
ホームセンターに来ています。

もちろん人を殺したことなんてないから、
どれがいいのかわからないよ。

ただ、大事なことは
一度決めたらちゃんと実行すること。

んー。これじゃだめか。

正直に言えば少し怖いけどね。
でもこの犯罪は
胸の奥にある覚悟を忘れないでいれば
全部許される気がしてる。

覚悟はできてる。

もう随分と我慢してきたの。

あの子は大抵、部屋にいる。

今夜、寝静まっているところを、必ず。

かわいいお部屋ね。

そのうさぎの布団カバー、私も持ってる。

私と全く同じ顔をしたあの子に。

「おやすみなさい、大嫌いだったよ」

これで今日は、
私が新しく生まれ変わった特別な日になった。

弱い私はもういらないよ。
臆病で大嫌いな私はもうここにはいないよ。

だって私が殺したから。

おわり

いつだって私だけ

いつだって絡まって、
私の邪魔をするのは私だけ。

後ろ髪を引かれたあの夢を
ずっとほどけないのも私だけ。

心に残ったあの夢を
また始められるのも私だけ。

負けたふりしてやり返す。
死んだふりして不意をつく。

ズルでもいいの、身を守るためなら。
反則でもいいの、あなたを守るためなら。

イエローカード

忠告しておくよ。
その線を越えたらイエローカード。
ルール違反はみんなブロックする。
傷つけたら弁償。
侮辱したら退場。
もう誰にも奪わせない。
これ以上何も失いたくないから。

始まりから永遠まで、
一度も他人のものになったことなんてないよ。

これは私の人生ですので
他の人はお手を触れないようご注意ください。

人生は他人の手の届かない場所に保管してください。

悪口も綴れば文学になる

ある日の帰り道、電車の中で揺れに耐えきれず
横の人に当たってしまったことがあった。
私はもともと貧血持ちでふらつくことが多い。
咄嗟に謝ろうとしたら、
その人が私を強く突き返してきた。

頭の糸がぷつりと切れたような、
悲しさと怒りが同時に生まれる。

けれど、私はこういう心ない出来事に涙を流して
誰かに慰めてもらう柄ではない。
このちょっと嫌な気持ちもそのままにしない。

私はいつも書き留める。
ただ、かわいいりんごのメモ帳を取り出すだけ。

悪口も書けば文学になる。だから私はひたすら綴る。
悪口は言わずに飲み込む主義。
書いて私のものにする。

これ以上、あなたから不利益を被るのは許せないんだもん。
だから利用する。
この黒い感情を書き起こして文章に落とし込む。
それこそ、私が突き飛ばされたお返し。

もしスポーツができるなら、
その人を倒すように力を込めてみてもいいし、
音楽をするなら、歌詞に起こせばいい。
絵を描いてもいいし、踊って表現してみてもいい。
文句だけで終わらせるのはもったいない。

悪口を才能に変えてこそ、私は復讐と呼ぶ。

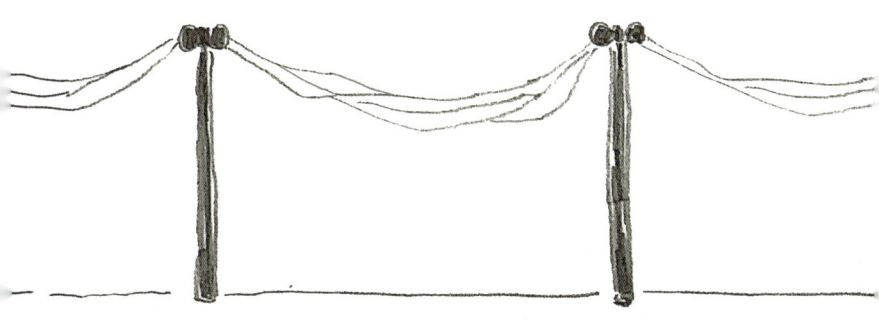

悪者をいつでも丸呑みしてやるという気持ちは
今でも私を強くしているように思う。

〈えほん〉
蛇の女の子の
おはなし

雨が降る夜、町外れの小さなお城に
灯りがつき、賑やかな声が聞こえます。

今日は待ちに待ったディナーの日。
たくさんの人を招待して開催する特別な夜。

豪華な花瓶の間から
大きな目を光らせた少女が言いました。

「本当の恐ろしさを、ぜひ味わってほしいの」

少女は席につきエプロンを巻きます。

本日のメニューは、血も涙もない特別なメニュー。

お呼びしたゲストは、この少女をいじめた悪い方々。
そうです。
今日のコースのメインディッシュになっていただくのです。

席についた少女は、指を鳴らして合図しました。
シャンデリアに灯りがつき、
真っ赤なワインが運ばれてきました。

「ねえ、お聞きになって。この方は私の鋭い目をバカにした。
性格も気に食わないって、突き飛ばしたの」

少女の目が光り、辺りは大きく揺れ嵐へと変わり、
少女は、大蛇の姿へと変貌したのです。

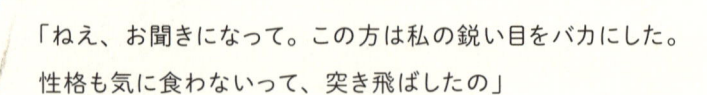

大きな皿に運ばれてくる憎たらしいお料理を
待ち侘びて、大蛇の少女は上機嫌。

ぐるぐるととぐろを巻きながら、
ゆっくりと大きな口をあけました。

並んだ食材たちを見てシェフが一言。

「こちらの脳みそに期待はしておりませんが、
餌<ruby>餌<rt>えさ</rt></ruby>としては魅力的です」

自分たちが食材であることに気づいたゲストたちは、
一斉に逃げ出しはじめました。

「あなたって、逃げようとするその足取りさえ滑稽<ruby>滑稽<rt>こっけい</rt></ruby>なのね」

今日のあなたは私にとってはただのディナー。
一口で飲み込んで、私はますます大きくなる。

逃げ惑う食材たちに、暴れ回る大蛇。
シェフも大慌て。会場は大賑わいです。

「本当に最後まで往生際が悪いね」

大蛇は運ばれてくる料理を
次々と丸呑みしていきます。

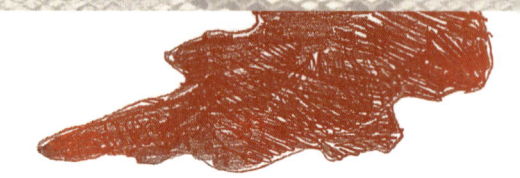

雨が小降りに変わり、今日のディナーも大詰め。
大蛇はやがて少女の姿に戻りました。

ひっくり返ったテーブルを元に戻しながらシェフは言いました。

「おしおきとはまさにこのこと。
悪いことをした人には罰を与えないといけないのです。
放った言葉の重さを理解してもらわないとなりません」

フォークもスプーンもいらないディナー。
幸い、今夜の天気は雨。
汚れた皿も簡単に洗い終わりそうです。
ありがたい食材に、少女はちゃんと手を合わせます。

「これは復讐じゃない、ただのディナーだよ」

少女は席を立ち、
口を拭いながらシェフに挨拶をしました。

「今日もとってもおいしかったです。
また食材が入り次第」

少女は傘を受け取りお城を後にし、
くすんだ空を見上げながらため息をつきました。

こらえていた涙が雨にまぎれるようにたくさん落ちました。

そして少女は悲しそうに言いました。
「私はどれだけ傷つけられても、決して死なないわ」

「ただ、わかってほしいの。
あなたが傷つけた心と体、
あなたがバカにした全てが
私にとって大切な一部だってこと。

鋭い目も模様もこの牙も全部、
気持ち悪くなんかないってこと」

辺りは日の出の明かりに照らされて、街灯もまもなく消える頃。

少女は山を抜け、いつもの日常へと帰っていきます。

もう二度とこのお城に来ないことを願いながら。

おわり

" t h e   e n d "

何度も、「もういいかな」と、
諦めそうになる瞬間に出会う。

失敗して怒られて、
ここで一生懸命に踏ん張っている意味など
もうどこにもない気がする。
心のかけらがぽろぽろ崩れ落ちていく。

世界の終わりのように全てがなくなった日。
そんな最低の日には、
口角を少し上げて "the end" とつぶやく。
不憫で哀れな私にはスマイルが似合うの。

ミスしたら、
やらかしたら、
フラれたら、
怒られたら、
嫌になったら、
"the end" と唱えればいい。

"the end" と頭の真ん中に持ってくればいい。
そして全部、終わらせてまた次を始めてみたらいい。

死んでしまう前に、
自分で一度死んだように生きてみればいい。

何回やってもいいじゃない。
勉強も恋も失敗も。
何度もやり直せばいいじゃない。
夢も自分も人生も。

a piece of cake

こんなのって朝飯前。

the end!

おわりに

本書をお読みくださり、ありがとうございました。

本書は、二冊目となる私のエッセイ本です。
文章と絵を載せた小さな日記のようなものです。

これまで、優しくかわいい世界ばかり描いていましたが、
そんな理想の「かわいい」に合わせた感情を、
作品にたくさん込めてきたように思います。

けれど、みなさんが思い描いてくれているであろう
ふわふわでかわいい私にも当然闇はあり、
毒があり、地獄があります。

黒い筆を取るとたちまち、
これまでと全く違った世界を描くことができてしまった
自分自身に驚きはありませんでした。

きっとそれは生きていく中で募った真っ黒な感情。
もともとあった私の世界のように思います。
傷つけられて泣いた夜も、夢を諦めた帰り道も、

誰かのせいで開いた傷口も、苦しいほどの嫌悪感も、
もちろんあります。

諦めてしまいそうな夜の中で、
本書を手に取ってくださったあなたと、
それぞれの地獄の中を、一緒に手をつなぎ、
共に歩けたことを感謝しています。

大丈夫。
どんな地獄でも一緒に歩いていこうね。
そんなふうに、あなたの背中を摩って
強い味方になるような言葉が少しでも残っていれば光栄です。

最後になりますが、本書刊行にあたって
お力添えをくださったみなさま、
いつも私の活動をSNSで応援してくれるみなさま、
そして、あらためて本書を最後までお読みくださった
読者のみなさまに、心から感謝申し上げます。

Caho.

Caho

イラストレーター。女の子の等身大の気持ちをありのままに表現したイラストが
国内外で人気に。主な著書に『Caho作品集 きみに射抜かれたようだ。』、
エッセイ『うまくいかない日は、甘いケーキをひとつ』(ともにKADOKAWA)。
ほかにもグッズ、挿絵など多方面で活躍中。
Twitter：@chico0811
Instagram：@caho0811

いやなことがあった日の、甘くておいしい仕返し

2025年2月14日　初版発行
2025年6月20日　再版発行

著者／Caho

発行者／山下 直久

発行／株式会社KADOKAWA
〒102-8177　東京都千代田区富士見2-13-3
電話 0570-002-301(ナビダイヤル)

印刷所／TOPPANクロレ株式会社
製本所／TOPPANクロレ株式会社

●お問い合わせ
https://www.kadokawa.co.jp/ (「お問い合わせ」へお進みください)
※内容によっては、お答えできない場合があります。
※サポートは日本国内のみとさせていただきます。
※Japanese text only

定価はカバーに表示してあります。